Jakob von Leuchtapfel
alias Tom de Toys

AF187763

DAS DESINTERESSIERTE KLAVIER

Die Nondualjazz-Klavierreform von Thomas Holzapfel 1986 heute

© Hrsg. G&GN-Institut 2019

6,80 EURO – ORIGINALAUSGABE 2019
© Herstellung und Verlag: BoD –
Books on Demand, Norderstedt
ISBN 9783750406889

INHALT

© KLAVIERREFORM.de & NONDUALJAZZ.de

meinen Eltern
Ingeborg Selma Katharina
und Christian Rupert Johan
in Liebe und Dank
gewidmet

inwesenheit.de

yogapoesie.de

30 Jahre LOCHiSMUS 5.5.1989-2019

"Eigentlich geht es in der Kunst
nicht um die Bilder sondern deren Inhalt.
Diesen ins Leben umsetzen bedeutet
plastische Bilder zu finden,
deren sozialer Selbstzweck heilsam ist.
(...) NICHT AN BILDERN KLEBEN
SONDERN HINDURCH BEWEGEN!
FREIE MENSCHEN VERNETZT EUCH
UM DAS LEBEN ZU POETISIEREN!
Gegen diese schöne alte Plastikwelt
und gegen die esoterisch-positivistisch
halbierte Zweckemotionalität!"

De Toys, 1990 im Manifest
KÄMPFE KÜNSTLER

MÜHELOSE MUSIK

Nach über 3 Jahrzehnten Abstinenz (ab 1989 übertrug ich dann meine Ideen dank der LOCHISMUS-Erfahrung in verschiedenene Kunstgattungen) begann ich 2019 wieder auf demselben alten Klavier bei meinem Vater in meinem Geburtsort Jülich, auf dem ich in meiner Jugend fast zwanghaft das penibel korrekte Musi...Zieren gelernt hatte, meine Vision einer ziemlich unwohltemperierten Musikreform namens DAS DESINTERESSIERTE KLAVIER als "mühelose Musik" in einigen spontanen Tonaufzeichnungen zu dokumentieren. Meine Liebe zur "Konkreten Musik" von Karl-Heinz Stockhausen ist wahrscheinlich unverkennbar, aber auch die Band "Bohren & der Club of Gore" zählt zu meinen absoluten Favoriten. Die Mühelosigkeit fehlt mir in beinahe allen Klavierstilen aller Epochen, die ich bislang kenne: es dominiert stets das bemühte Sehrrichtigmachen und Nochbesserwerden. Der Hang zur perfekten Darbietung einer Melodie, eines Lebensgefühls oder einer Botschaft und die zwanghafte Nachahmung sogenannter Genies verhindert, dem ichlosen Lauf der Finger über die Tasten zu folgen. Ich erinnere mich noch daran, wie meine Berliner Liebe Ronja ein Buch von canadischen Musiktherapeuten erwähnte, die laut ihrer Erzählung den "ungewollten" oder "unbeabsichtigten" Moment thematisierten, den sie nicht als Fehler beschrieben sondern ganz im Gegenteil als Chance, genau an solchen im doppelten Sinne „verspielten" Stellen ganz in die Wahrheit des Augenblicks einzutauchen, anstatt diesen zu tabuisieren. Leider kenne ich weder den Buchtitel noch die Namen der Autoren, so daß ich es nicht im Internet finde. Aber egal: ich wünsche dir jetzt erst einmal VIEL VERGNÜGEN BEI DEN GEDANKEN UND GEDICHTEN ZU MEINEN VERSTIMMTEN STÜCKEN!

Manifest

DIE GEBURT DER MÜHELOSEN MUSIK AUS DEM GEISTE DER ICHLOSIGKEIT

1) Es gibt keinen Spieler

2) Die Finger fallen ferngesteuert aus der Leere

3) Jeder Klang reiner Selbstzweck

4) Jede Melodie purer Zufall

5) Keine Harmonie Absicht

6) Kein Taktzwang

7) Weder Anfang noch Ende

8) Null Komposition

9) Zuhörer desinteressiert!

3.8.2019, 109.E.S.

KOSMISCHE VERRÄTER

das verdoppelte unendlichkeitsgefühl
der in sich ruhenden vereinsamung
des gedankenlosen universums
einer zärtlichen umarmung aus
der leere des augenblicks als
sich das glück offenbart
darüber gleichzeitig
bescheid zu wissen

GERRESHEIMER GLASHÜTTE   artDdorf.de 11/12.4.2019

NONDUALITÄTÄRÄTÄH!
(AUF DEN PUNKT GEBRACHT)

dieser text muß gesungen werden dies ist
ein lied der besonderen art in diesem gedicht
geht es um nichts um rein gar nichts absolut nichts
um das was wir immer verleugnen was nicht auf der
hand liegt was tiefer im inneren einer hohlen hand
aus dem nichts auftaucht das es nicht gibt das nur
ein phantom der spirituellen sehnsucht ist die an
einen neuen gott glauben möchte um keine angst vor
dem freien fall durch die bodenlosigkeit haben zu
müssen obwohl diese angst eine restfantasie des
hypnotisierten egos darstellt das selber nur als
erfindung des sprachzentrums herumgeistert

<u>SYNÄSTHEESIEB</u>
(POSTMODERNE JAZZTHEORIE)

die augen hören
was die finger denken
das gehirn dient nur
der weitergabe von impulsen
an die körperposition der
automatischen schallwellen
durch die ohren fließen bilder
von vertrauten elektronenbahnen
und schamanischen urahnen
die frequenz ist heller als
das licht und dunkler als
die leere das klavier
mutiert zum loch
durch das sich
alle welten
treffen

5.10.2019

ODE "AN DIE FREIHEIT"

Verflucht: ich muss schon wieder weinen!
Doch einen Grund dafür gibt's keinen?
Tausend Gründe liegen auf der Hand,
Doch geht's mir gut in diesem schönen Land.
Ich will nicht jammern auf hohem Niveau,
Auch nicht an Traurigem mehr klammern.
Letztlich bin ich für mein Leben froh,
Und trotzdem ist mir heut' zum Heulen...
Gut zu wissen: Tränen reinigen die Seele! Der
Kloß steckt dann nicht mehr in der Kehle!
Hier im Tempel ohne Dach und Säulen...
Sehe ich unendlich viele Sterne – kein Gott
tröstet mich aus transzendenter Ferne,
Nur die Sonne spendet Kraft und Licht.
Mehr braucht der Mensch in Freiheit nicht.

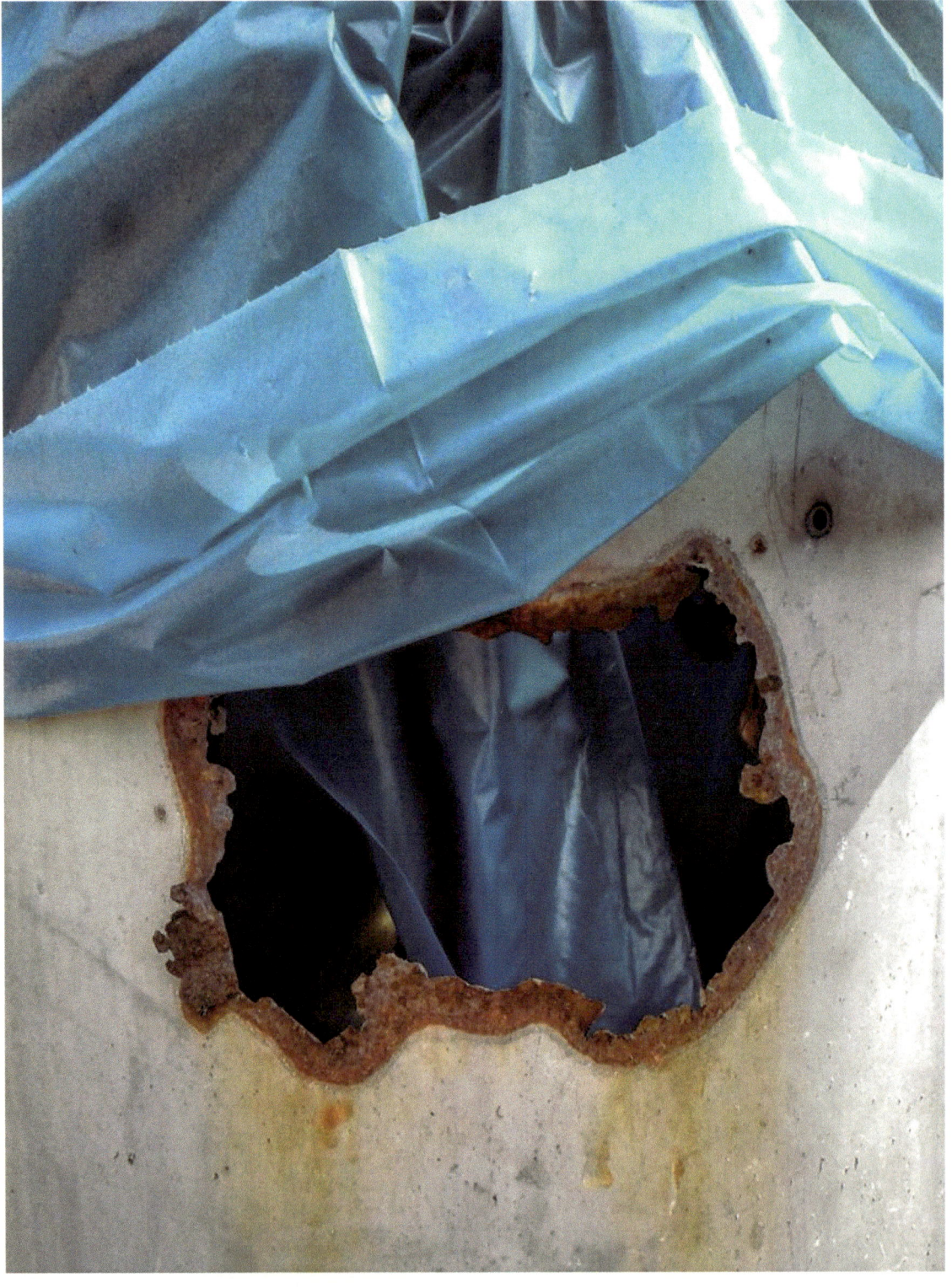

NSTR

EN IC LL I NSC E / I IC U IN ESU MM / LL I UTO I E NSC UR IMA RDE /
ND I NDE EN A IC AG / AN ÜR IC M GNE IB / Aß A EBE U UTI S / Ü LL
I LT UBI A Uß / O I TE ATU IC RB IR / I HT OT STI ND ISE / LL EME UR
Aß LL MBI NDE / O I TE ATU OC I ND EMA / TG ND A ND EMA I ND
RGE EMA / TG ND ABE IR / IE ND INE ESI ND EI EDA / EI EFÜ ND INE
NSU TT / IE IR RBE ND TGE EGE / Aß A ND AH ND EDE TNI / SS ELE O
E ÜGE E OLI E RTS ND E NTE LTU STR / RSE S A RSE FTE LTI ND ETÄ
/ EI RZ S UR I LTE ND RZI / UR I HRE ND RTE O KNE / ND RST ND EI
EHI TZ IC NMA / I NZI OZE E GLI I E ATE RLA / ND U U IS E HTM U TZ
TZ N INE UT / NDR M TA ND NKS U N I ZZ / N I OLI ND INE RTN / E
U INE NDR OBA UFÄ / N LB NK A S EPA / A I NTI A I IGI ATI / I EI
RFÜ NDW ISW USH ND / E LNE RLA N YO ITI EGE RE / TME ITI GSE
HTU NN FRE HV HTU / ZZ ÖRU I OTA ERE EGE NSA / EI UE OA UT EVI
IC HL INE TT EN I TT U NEN DLI HKE ES / EN LL HLE ND URE U U LS
RNA IVI Uß / ND I Üß RE MM M DLI RSI / M DLI M ERE SMI M IVE A EI
ILI EWU TSE / SWE A B C ILI U IS I SMI YBO / U DLI ERE ND E IGE DLI
/ U AS IC U RLI EI U U A U IS / A IC U ITE HN EX AZ U EFE / A EDI E
ÖNE HRE UT NTI S U I ITE HN EX / A ISS AT RFÄ M ISS USC / RBS E
MM S I NLO AT / HSI HST GN RC I AU / EI LU EGI U EDE IN AD / ORM
IC U PP IN AU S IN NGE / ÜB I A ERA GNI LL / ND I EWU AC EBE S A
NZ EI A EI S EBE IC LS EBE U OC EBE IC EI / ND E HST VEE E CHT IC
RPA / HRE IN MB ND RHI UR PPI LL ND LNE NTE SC / EN U ISS OC
HO EI TK Aß / I NTE ESA EH RLI EH EH C LL S O EH EH EH / Aß EI TLY
ESC M LTA X IC ÖRB S / I NN IN A ND AH A GT IC ERE / EI UN I ABE I
ESC IKA NDE / ABE N NDE ABE N TT ND I EL N INE BWA EI ABE / E
FST S U IC EH ÖTI / EHS U IC I RBA A NZ HTE //

1.Bespielung eines Kunstwerkes:
Gemälde von Christian Holzapfel
© www.RUHEENERGIE.de

HALBES DESINTERESSE:
Zwischen Romantik und Radikalität
(für Barbara)

Halbes Interesse, halbes Desinteresse, wie kann sich das anhören? Bevor ich meine Klavierreform des desinteressierten Tastenhauens erfand, spielte ich oft stundenlange meditativ-ritualisierte Herzschmerzmelodien nach den bekannten simplen Mustern der variierten Dreiklänge (linke Hand langsame taktgebende Bassläufe, rechte Hand freies Variieren der links vorgegebenen Tonart) – stilistisch ein dramatisch schmachtender Mix aus Beethovens "Mondscheinsonate" (die ich damals auswendig gelernt hatte) und "Koyaanisqatsi" von Philip Glass (der dem apokalyptisch-paranoiden Lebensgefühl der Spätpubertät entsprach). Mein altes Klavier verbietet diesen nostalgischen reinen Wohlklang zum Glück heutzutage, da es seit vielen Jahren VERSTIMMT ist, so daß ich in dem meiner Jugendliebe Barbara gewidmeten Stück mühelos zwischen Romantik und Radikalität hinundher pendel, indem ich bei ersten Ansätzen "schöner" gefälliger Tonabfolgen automatisch wieder in die brutale Sabotage der allzu bemühten Melodie zurückfalle... Meiner Freundin habe ich allerdings versprochen, bei Gelegenheit doch wieder richtig schöne Stücke zu spielen, um ihr Herz zu erfreuen, aber das wird eine reine Privatsache sein, um ihr eine Freude zu bereiten. Psychophilosophisch-konzeptuell entspricht das totale Desinteresse der Quantenlyrik, die ich 2001 erfand. Es wäre daher durchaus möglich, Quantengedichte zum desinteressierten Klavier zu rezitieren. Vielleicht versuche ich das eines Tages mal :-)

VERGOLDETE STATT VERGEUDETE ZEIT

Der Musik ergeht es aktuell so wie der sogenannten "modernen" Kunst ab Mitte des letzten Jahrhunderts: alle Melodien wurden komponiert, alle Sounds bereits verwendet, alle Rhythmen bedienen sich beim Repertoire. Wer etwas Eigenes, Originelles, Neues, Authentisches oder Revolutionäres komponieren will, wird ungewollt klauen, kopieren und in Strömungen, Schulen, Traditionen und Richtungen eingeordnet werden, die alles schon längst in Hitformaten & Evergreens hörbar gemacht haben. Sogar Free Jazz erlaubt keinen Ausbruch mehr aus der Konvention, sondern ist selber zur Unterhaltungsmusik verkommen! Wirklich FREIE Klangwelten entstehen nur durch totale Improvisation in jedem absoluten Moment der unwiederholbaren Gegenwart durch Loslassen vom ego-gesteuerten Anspruch, überhaupt "Musik" MACHEN zu wollen. Musik wird nicht gemacht! Sie entsteht automatisch durch HINHÖREN und das Instrument spielen LASSEN, was es selber entwickelt. Die Neue Musik ist daher ein unkontrollierbarer Klangteppich aus dem Nichts...

NONDUALES KLAVIER SPIELT SELBST

Musik (sogar Freejazz und experimentelle Musik) transportiert traditionell meistens Gefühle und psychische Projektionen. Im Gegensatz zu dieser Intention hat mein DESINTERESSIERTES KLAVIER einen anderen philosophischen Hintergrund: ich bin ein Fan der transspirituellen Idee von Nullyoga, das alles nicht als Illusion (durch den Glauben an eine Transzendenz) empfindet, sondern als das absolute Sein selbst, das nichts jenseits seiner selbst repräsentiert oder symbolisiert – ähnlich wie die Konkrete Poesie und der Suprematismus von Malewitsch! Darum benötige ich keine Melodien oder Harmonien, sondern stattdessen das Fließenlassen von dem, was von selbst geschieht, wenn die Hände das Klavier berühren...

THE NONDUAL PIANO PLAYING ITSELF

Traditionally music (even freejazz and experimental music) mostly transports emotions and psychic projections. In opposite to that intention my DESINTERESTED PIANO has a different philosophical background: i am a fan of the transspiritual idea of nullyoga that recognizes everything not as an illusion (by believing in a transcendence) but being just absolutely itself, not representing or symbolizing anything beyond itself – similar to concrete poetry and the suprematism of Malewitsch! That's why i don't need melodies or harmonies but instead letting flow what happens by itself when the hands touch the piano...

JAZZLYRIK

Als ich 1986 unter dem Eindruck von Tschernobyl die ersten Ideen zu meiner Klavierreform "Das Desinteressierte Klavier" zunächst rein praktisch beim Improvisieren entwickelte (und durch die Lochismus-Erfahrung 1989 musiktheoretisch und lebensphilosophisch vollendete), war die Quantenlyrik noch nicht erfunden. 2001 hatte ich dann endlich auch mein literarisches Ziel erreicht. Aber erst 2019 hatte ich wieder genug Zeit und Muße, um beides zusammenzudenken und die Vision zu gebären, beim desinteressierten Tastenhauen quantenlyrisch umgewandelte Texte zu rezitieren. Mit einem befreundeten Slampoeten zusammen kreierten wir die Idee, daß er spricht, während ich spiele: sein Text von mir quantenlyrisch umgewandelt und diese Version von ihm performt, während ich das Klavier bediene – ein Crossover aus experimentellem Freejazz, wie Du ihn noch nie zuvor gehört hast, und kongenialem Spokenword mit Sprachfragmenten, die reiner phonetischer Selbstzweck sind! Du wirst dabei an Dada, Suprematismus, Fluxus, John Cage, Karl-Heinz Stockhausen, Bohren & The Club of Gore oder auch Philip Glass erinnert, aber so, als ob sie schamanisch zerstückelt, zerstört und apokalyptisch verzerrt würden! Wenn Du das Hurz von Hape Kerkeling mit Helge Schneider mixt und durch den Verzerrer jagst, und das dann schön findest, bist du stark genug für NONDUALJAZZ – aber wir sind nicht schön, sondern desinteressiert!!! Die Kulturrevolution hat begonnen, die Titanic sinkt mit einer interdisziplinären Performance, deren Echo du noch auf deiner eigenen Beerdigung hören kannst... WIR FEIERN DAS LEBEN, WEIL DIE FEIER LÄNGST ZUENDE IST. Wir zelebrieren künstlerische Freiheit, weil die Welt ein widerlicher unvermeidbarer Slapstick ist, bei dem man entweder nur noch schreien kann oder die Kunst nach eigenen Gesetzen komplett neu erfinden muss. Improvisationsmusik und Antipoesie haben eine neue Dimension erreicht: das totale Live-Desinteresse! Du bist herzlich eingeladen, derart desinteressiert an uns zu sein, daß das chaotische Inferno den direkten Weg in deine Seele findet. Gib dich uns genauso willenlos hin wie wir für dich!

Parallel zur Idee, die Quantenlyrik zum Nondualjazz zu rezitieren, entstand auch das Konzept, spontan improvisiert BILDER ZU BESPIELEN. Den Auftakt dieser Serie machte 2019 ein Gemälde des Vaters von Tom de Toys, Christian Holzapfel (RuheEnergie.de), seinerzeit Physiker am Forschungszentrum Jülich und nun Autor des bilingualen Buches "DIE METAMORPHOSE DES ELEKTRONS" (bekannt unter dem früheren Originaltitel "Die Geschichte des Elektrons"). **Museen etc können J.v.L. für Konzerte buchen, um Wunschbilder zu bespielen, die bei ihnen ausgestellt sind.** J.v.L. spielt für die Besucher direkt vor dem Gemälde, insofern dort ein Klavier oder Flügel aufgestellt werden kann...

RHEINKNIEBRÜCKE artDdorf.de 5.5.2019

www.G-GN.de

Thomas Holzapfel alias Tom de Toys 1986

Weiterführende Hintergrundessays und ausgewählte "klare" Gedichte:

Enthält neben 18 Gedichten und 10 Essays auch die Erstveröffentlichung vom bisher geheim gehaltenen MANIFEST DES NEUROATHEISMUS !!

w w w . N U L L N E R D . d e

Tom de Toys

Beiträge für das ehemalige Magazin Connection Spirit & Gastbeiträge für die Liga der Leeren mit einem Nachwort von Wolf Schneider

NULL
NERD

NATÜRLICHE NONDUALITÄT

Lieferbare Bücher von Tom de Toys: www.NEUROGERMANISTIK.de
Alle Publikationen auch als iBooks: www.NEUROLITERATUR.de

Alle Bücher von Tom de Toys @ www.POPLITERATUR.de